A garcinha perdida

Editora Appris Ltda.
1.ª Edição - Copyright© 2024 do autor
Direitos de Edição Reservados à Editora Appris Ltda.

Nenhuma parte desta obra poderá ser utilizada indevidamente, sem estar de acordo com a Lei nº 9.610/98. Se incorreções forem encontradas, serão de exclusiva responsabilidade de seus organizadores. Foi realizado o Depósito Legal na Fundação Biblioteca Nacional, de acordo com as Leis nºs 10.994, de 14/12/2004, e 12.192, de 14/01/2010.

FICHA TÉCNICA

EDITORIAL	Augusto Coelho
	Sara C. de Andrade Coelho
COMITÊ EDITORIAL	Marli Caetano
	Andréa Barbosa Gouveia - UFPR
	Edmeire C. Pereira - UFPR
	Iraneide da Silva - UFC
	Jacques de Lima Ferreira - UP
SUPERVISOR DA PRODUÇÃO	Renata Cristina Lopes Miccelli
PRODUÇÃO EDITORIAL	Sabrina Costa
REVISÃO	Arildo Junior
	Sabrina Costa
ILUSTRAÇÕES	Lucielli Trevizan
REVISÃO DE PROVA	Jibril Keddeh

Catalogação na Fonte
Elaborado por: Josefina A. S. Guedes
Bibliotecária CRB 9/870

C359g   Catete, Hamilton Silva
2024   A garcinha perdida / Hamilton Silva Catete ; ilustrações Lucielli Trevizan. –
         1. ed. – Curitiba: Appris, 2024.
            28 p. : il. color. ; 23 cm.

            ISBN 978-65-250-6050-7

            1. Literatura infantojuvenil. 2. Maternidade. 3. Segurança (Psicologia).
         4. Preconceitos. I. Título.
                                                     CDD – 028.5

Appris editora
Editora e Livraria Appris Ltda.
Av. Manoel Ribas, 2265 – Mercês
Curitiba/PR - CEP: 80810-002
Tel. (41) 3156 - 4731
www.editoraappris.com.br

Printed in Brazil
Impresso no Brasil

Hamilton Catette

A garcinha perdida

Ilustrações Lucielli Trevizan

Dedico este livro às minhas três filhas Letícia, Dandara e Raíssa,

que quando crianças eram muito fãs das minhas histórias.

Aos alunos e alunas que sempre se encantaram, não só com a história,

mas também com a mágica de aparecer a dobradura com o protagonista da mesma.

AGRADECIMENTOS

Aos educadores e contadores de histórias,
que me incentivaram bastante na produção deste meu primeiro livro.
Ao apoio de parentes e amigos.

APRESENTAÇÃO

A história *A Garcinha Perdida*, assim como outras que conto ao longo da minha vida, surgiu de uma técnica que adotei de contar história fazendo origami. As diversas fases da dobradura iam, então, tornando-se personagens da história. Sempre gostei dessa técnica pois, ao ver a dobradura no final, os espectadores revelam um grande encanto. Contudo, não descuido de levar, de maneira sensível, uma mensagem legal ao público. O desafio agora é levar este encanto de uma prática oral para a literatura. No final do livro, tem um tutorial para os adultos ou mesmo as crianças maiores aprenderem o origami. Espero que consigam e curtam.

Hamilton Catette

Hamilton Catette nos conta uma história de amor. O amor é generoso. Quem adota, ama, cuida, acolhe e entende que o outro tem suas próprias necessidades. Quem ama, sabe que as diferenças não importam. Quem ama, sabe que as aventuras solo são importantes.

Cristina Villaça

Em sua estreia na literatura, Hamilton Catette, de forma muito lúdica e divertida, nos traz uma história sobre adoção, família e amor. Uma história cheia de graça e de garça!

Marília Pirillo

O livro leva o nosso olhar para a necessidade do reconhecimento de que a afetividade pode unir extremos, de que o amor não diferencia os seres por suas cores, classes, padrões, nada disso, o amor abraça e ultrapassa muros. É uma bela alegoria que, com certeza, levará os leitores a muitas reflexões sobre temas importantes, contribuindo, portanto, para a formação do leitor de mundos. Mais um encanto desse querido artista, Hamilton Catette, que já se consagrou no mundo da música, conversando com as crianças e conosco através das trilhas que abre com suas canções. E que venham outras obras! Show!

Silvia Castro

Lá no luxuoso condomínio Ninho das Garças morava um lindo casal, Sr. Garsolico e D.ª Maria das Garças. O casal estava muito feliz, pois a futura mamãe estava prestes a botar o seu primeiro ovinho e ter seu primeiro filhote. Porém, certa noite, o Sr. Garsolico acordou com os gritos de sua esposa:

— Acorda, marido! É agora!

— Ainda são duas horas da madrugada, eu só tenho que acordar às sete — respondeu ele.

— Está na hora de botar o ovo!

Então Sr. Garsolico levantou correndo, pegou as malas da esposa e do neném, que já estavam prontas, ligou para o médico e já ia saindo para o Hospital N. Sra. das Garças quando sua mulher o alertou:

— Você vai assim, de pijama?!

Depois de se arrumar direito, os dois saíram voando em direção ao hospital, quando um foguete de artifício estourou perto do casal. Com o susto, D.ª Garcinha, como era chamada na intimidade, deixou o ovo sair antes da hora. O ovinho foi caindo, caindo e por sorte caiu numa lama bem macia de um mangue, afundou e sumiu.

Sr. Lico, como D.ª Garcinha o chamava, desceu desesperado atrás do ovo. Os dois ficaram procurando durante horas, até que resolveram voltar para casa, pensando que o ovo havia se quebrado todo. Chorando, Garcinha falava:

— Meu primeiro ovinho...

— Calma, Garcinha, nós podemos fazer outro — consolava-a o Sr. Garsolico.

Dias mais tarde, D.ª Urubosa, uma urubu muito bondosa, estava procurando umas carniças no mangue quando viu o ovinho. Como tinha imensa vontade de ter um filhote, resolveu cuidar dele até o nascimento.

Quando o bebê nasceu e olhou a D.ª Urubosa, logo gritou:

— Mamãe, mamãe...

Percebendo que o filhote não era um urubuzinho, Urubosa respondeu:

— Não, eu não sou sua mamãe. Mas vou cuidar muito bem de você, até que cresça e possa voar para procurar a sua mãe biológica.

— Meu nome é Urubosa — complementa.

— Mãe Bosa — disse o neném.

O tempo foi passando e a mãe Bosa procurava as carniças enquanto Beibe, nome dado à garcinha por Urubosa, caçava os filhotes de caranguejo do mangue.

Beibe já estava bem grandinho e quando ensaiou seus primeiros voos, a mãe Bosa o chamou.

— Rapaz, você já está um belo moço. Já é hora de procurar a mamãe que te perdeu.

— Mas mãe Bosa, como vou saber quem ela é?

— Ora, meu rapaz... olhe para mim. Eu tenho as penas pretas porque sou um urubu. Você é uma garça e tem penas brancas, então sua mãe deve ser branquinha igual a você. Voe e ache sua mamãe.

Embora gostasse muito da mãe Bosa, Beibe seguiu o conselho e voou.

Lá no céu, cruzou com um canário amarelo, mas amarelo não é branco. Logo depois passou por um papagaio verde... uma arara azul... um porco voador cor de rosa...

Espera aí! Porco voador, seu narrador?!

— É, sim! Se no cinema elefante voa batendo as orelhas, por que na minha história porco não pode voar?

Pois bem, ia nosso Beibe voando quando, de repente, avistou algo branco no céu e saiu gritando:

— Mamãe, mamãe...

Era uma pipa branca, que logo respondeu:

— Ei, garcinha! Eu não sou mãe de ninguém não! Eu sou só uma pipa e estou rebolando aqui no céu porque um menino lá embaixo não para de puxar minha linha.

— Mas você é branca igual a mim e voa.

— Mas não sou uma garça e, sim, uma pipa, já falei.

— Então você pode me dizer onde acho minha mãe branquinha?

— Não sei — respondeu a pipa — talvez se você voasse mais para o alto... minha linha é curta e eu não sei o que tem mais acima.

— Vou fazer isso. Obrigado, pipa!

Beibe voou mais alto e, depois de certo tempo, avistou outra coisa branca no céu. Bateu rapidamente suas asas chamando:

— Mamãe! Mamãe!

E logo ouviu uma voz grave respondendo:

— O que é que há? Eu não sou mãe de ninguém, não. Eu sou um balão.

— Mas você é branco e voa!

— Ei, rapaz! É melhor não chegar perto de mim que eu sou meio esquentado. Eu não voo, eu flutuo. Na verdade, nem gosto de ser balão, pois o fogo é muito perigoso. Só estou aqui em cima porque botaram fogo embaixo de mim. Ai, que calor...

— Se você não gosta de ser balão, o que queria ser?

— Na verdade, queria ser bailarino e dançar bem assim: Lá, lá, lá, lá, lá... (dançando cancã)

Aplaudindo o balão dançarino,
Beibe falou:

— Bravo, bravo! Mas Sr. Balão, o
senhor pode me dar uma dica de onde
encontrar minha mãe?

— Acho que sim — respondeu
o balão —, atrás daquelas três
montanhas deve ter um viveiro de
pássaros, pois hoje cedo vi vários deles
indo e vindo de lá.

— Então é para lá que eu vou.
Obrigado, Sr. Balão!

No caminho para o viveiro, Beibe avistou novamente o canário amarelo, o papagaio verde, a arara azul e o porco rosa, que vinha conversando com um hipopótamo vermelho de bolinhas roxas.
(Agora vocês não reclamaram, hein!)

Ao contornar a primeira das três montanhas, Beibe avistou um enorme pássaro branco. Epa! Mas não era pássaro e, sim, um helicóptero.

— Mamãe, mamãe — disse Beibe, ao que respondeu o irritado helicóptero gaguejando:

— Eeu nanão sou susua mamamãe não! Eeu sou uum Helicó-có...

— Cocô?! — interrompeu Beibe.

— Não — continuou gritando. — He-he-licó-pi-pi...

— Pipi?!

— Não. — Pausadamente, o helicóptero repetiu: — He-li-cóp-te-ro da Ma-ma...

— Da mamãe? — Beibe perguntou ansioso.

— Não! — apoplético, o helicóptero continuou — da Marinha de Guerra, e vo-vô...
— Você é meu vovô? — perguntou Beibe um tanto assustado.
— Já didisse que não. — E o helicóptero muito, muito bravo brigou. — E vo-você não po-pode fi-ficar aqui-qui. Esta-tamos em ope-peração ne-nesta á...rea.

Triste, Beibe entendeu o que o helicóptero gago disse e resolveu obedecer.

Voltando para o seu velho mangue, em meio a um bando de pássaros que se afastavam das montanhas, Beibe viu um pedacinho de asa branca voando logo abaixo. Foi desviando dos outros pássaros e viu uma ave igual a ele... branca e de bico amarelo. Já meio incrédulo, Beibe aproximou-se e perguntou:

— Oi, meu nome é Beibe... por um acaso a senhora não perdeu um ovinho no mangue algum tempo atrás?

Ao ouvir aquilo, D.ª Garcinha virou-se para o rapaz:

— Meu filho! — disse a garça, quase chorando de emoção.

Depois de avisarem a D.ª Urubosa e de voarem juntos por toda a tarde, D.ª Garcinha e Beibe retornaram felizes para o condomínio Ninho das Garças.

Hoje, Beibe vive com papai Lico, mamãe Garcinha e mais quatro irmãozinhos. Mas quase sempre vai ao mangue fazer uma visitinha à mãe Bosa.

FIM

Hamilton Catette, formado em Psicologia pela UFRJ, trabalha desde 1980 com educação musical infantil em creches e escolas da rede privada do Rio de Janeiro. É compositor para a infância, tendo cinco álbuns distribuídos nas plataformas digitais. Já se apresentou em diversos teatros, clubes e escolas em todo o estado do RJ. Fez diversas oficinas de contar histórias com ORIGAMI, a partir das quais escreveu quatro livros. Ganhou em 2018 o prêmio de melhor música infantil no festival da rádio MEC e já teve suas músicas gravadas por alguns artistas da indústria musical infantil.

Lucielli Trevizan é ilustradora, diagramadora, diretora de arte e escritora. Formada em Design Gráfico pela UTFPR, pós-graduanda em Produção Editorial pela LabPub. Mora em Curitiba/PR. É apaixonada por gatos e pela arte, ama dar vida à histórias e sonhos por meio das ilustrações.
Contato: luciellimahi§ra@gmail.com
Instagram: @lucielliarte